Nuria Amat

Escribir y callar

Biblioteca de Ensayo 47 (serie menor) **Ediciones Siruela**

Todos los derechos reservados.
Cualquier forma de reproducción, distribución,
comunicación pública o transformación de esta
obra sólo puede ser realizada con la autorización de sus
titulares, salvo excepción prevista por la ley. Diríjase a
CEDRO (Centro Español de Derechos Reprográficos,
www.cedro.org) si necesita fotocopiar o escanear algún
fragmento de esta obra.

Colección dirigida por Ignacio Gómez de Liaño
Diseño gráfico: Gloria Gauger
© Nuria Amat, 2010
© Ediciones Siruela, S. A., 2010
c/ Almagro 25, ppal. dcha.
28010 Madrid. Tel.: + 34 91 355 57 20
Fax: + 34 91 355 22 01
siruela@siruela.com www.siruela.com
ISBN: 978-84-9841-365-6
Depósito legal: M-6.659-2010
Impreso en Anzos
Printed and made in Spain

Papel 100% procedente de bosques bien gestionados

Índice

Prólogo 9

Escribir y callar

Entre guerras: escribir en tiempos
confusos 23

Escribir y callar 77

Prólogo

Una combinación de circunstancias ha marcado mi vida con ciertas dosis de conspiración libresca. Yo he jugado al juego de los libros. Al juego arriesgado de leerlos y al otro más resbaladizo de escribirlos. Opté por convencerme de que mucha lectura invitaba al ejercicio de la escritura de igual modo que un mayor conocimiento del mundo sirve para propiciar un más significativo pensamiento. Sin embargo, la realidad tecnológica ha venido a demostrarnos que muchos escritores pueden escribir libros sin apenas haber leído un centenar de ellos. Es posible, entonces, que a partir de ahora los lectores devotos seamos una especie a extinguir como la de los anacoretas solitarios, el tigre blanco de Siberia y la aún más exigua raza de los amantes de Proust.

Siempre valoré más la literatura que la lucha desorbitada por llegar a ser alguien en el variopinto mundo de las letras. Me ha interesado más la literatura que los caminos y abismos por los que he conducido mi vida. Seguramente he cimentado la mía a través de los libros que he leído y de los amigos con los que, durante horas memorables y repletas de pasiones diversas, he podido compartir autores y lecturas. La literatura me ha enseñado a vivir y a morir. A hacer la guerra y a perderla. A amar y a desamar. A comprender que la mente humana está hecha de una sustancia asombrosa formada de palabras, música, secretos y silencios.

Si a esta forma de vivir se le llama vida literaria, debo asumir que felizmente los libros me han proporcionado una suerte de bienestar que difícilmente habría podido conseguir con otra dedicación menos extemporánea.

Sin embargo, quizá sea razonable suponer que, contrariamente al decálogo del buen lector, uno puede ser inteligente sin haber leído ningún libro esencial. Lo intelectual no está de moda. La crisis del libro impreso amenaza con destruir el placer del texto, el goce de la mano que mueve la página, el ojo deslumbrado que desgrana o detiene la lectura. Leer literatura exige un tipo de concentración para la que cada vez estamos menos preparados. Para muchos es un anacronismo perder el tiempo con la lectura cuando existen demasiados intereses externos que requieren nuestra atención, tantos afectos y desafectos, tantos apegos fugaces, tantos soportes mediáticos, mucho más atractivos que el simple libro, dotados, además, de la virtud de convertirse en espejos de nuestra simple o rica inteligencia. La vida moderna abomina del lenguaje literario. Adora la jerga mensajística. Decir poco y mal para implicarse menos y más frívolamente. Pero la lectura es una fuente de placer. La buena lectura, como la buena comida y el buen encuentro amoroso, aporta éxtasis, arrobo y recuerdos inolvidables. La literatura y el universo infinito que la ocupa me han enseñado a dar sentido a una vida insensata. A creer, acaso ingenuamente, que los libros son un revulsivo contra las guerras. Todo tipo de guerras y ofensivas.

A construir un espacio propio dentro de un mundo que repudia todo aquello que desprenda tufo cultural, humanista, intelectual o ideológico. Y también artístico. ¡Ah… el arte! En una época sometida al mercado, la obra artística ha ido cediendo su espíritu intemporal a la rentabilización del producto. Por fortuna, la poesía parece salvarse de la explosión monetaria. Desde que los poetas empezaron a ser vistos como los nuevos *clochards* de la sociedad ilustrada, rancias y extravagantes figuras amnésicas de la urbe tecnológica, novelistas, ensayistas y toda suerte de literatos hemos ido cayendo en el cementerio de los espíritus incomprendidos. Enterrados a mejor vida junto con los libros infumables, difíciles e incomprensibles que todavía proyectamos escribir. La única condescendencia que por parte de un público «no lector» merecen los grandes maestros de la literatura, es la de admitir que esos libros que ya nadie es capaz de leer están sin duda bien escritos. Y que tal vez de esta cualidad selecta se derive el motivo de que no se lean.

Esta clase de libros, los que apenas se leen y forman parte de las bibliotecas de unos cuantos locos, requieren de un aprendizaje lector. Un adiestramiento que se va formando con años de soledad, disciplina mental y entusiasmo por quedar sumido entre las páginas de un texto imperecedero. Un ejercicio de reflexión y embelesamiento que por razones obvias está reñido con la flexibilidad, fragmentación, rapidez y pluralidad que ofrece la lectura en soporte mediático.

No pretendo abogar por la subsistencia de una secta secreta de grandes autores accesible solamente a lectores iniciados. Los libros buenos no tienen por qué ser difíciles. Admitirlo sería tan pedante como aceptar que los libros malos son fáciles de leer. La dificultad de su lectura proviene, generalmente, de la mucha, poca o nula preparación del lector para asimilar los valores estéticos de la gran literatura. Hemos dejado pasar de lado algo fundamental en el ejercicio estético de la escritura: la literatura es, sobre todo, un arte. De ahí que, en una época radiante de vulgaridad cultural y gratuidad estilística, la literatura moderna se haya ido conviertiendo en un corpus hermético. Se lee poca literatura de calidad. O dicho de otro modo. La buena literatura se compra para ver y poseer mientras que la «otra» para leer y regalar.

Acaso las circunstancias actuales nos obliguen a terminar aceptando que los escritores escriben para los escritores. Los poetas para los poetas. Y los no lectores para los lectores de novelas comerciales. Pero si la literatura hubiese perdido su papel de formadora de la sensibilidad, su privilegio de *verdad* vivida, ¿qué tipo de productos han venido a sustituirla? ¿Las llamadas novelas de kiosco, el cine doméstico, las teleseries y la comunicación internáutica?

La frase literaria sigue siendo una suma de relámpagos capaces de desafiar el vacío de nuestra angustia y otras dificultades vitales. Lo poético, es decir lo literario y vivo, lo irreductible, lo verdadero, sigue significando, al menos para mí, el nervio revolucionario, subversivo y trasgresor del pensamiento.

Durante la primavera de 1976 tuve el privilegio de conocer a Samuel Beckett y compartir con él conversaciones y silencios en muchas de las tardes berlinesas que duró el ensayo de su puesta en escena de la obra *La última cinta de Krapp*. Anécdotas e historia de este encuentro fueron escritas y publicadas en un relato que titulé *Amor breve*. Sus escasos lectores creyeron, como era de esperar, que mi pluma fantaseaba en exceso narrando una historia «imposible» de suceder en la vida real. Hicieron bien en vislumbrar en mi relato una especie de metaliteratura que aún desconocíamos que existía. Yo era una aprendiz de escritora de veinticinco años. Beckett (Sam para los amigos) era el gran genio vivo de la literatura contemporánea.

Uno de los mejores regalos que me ha dado el destino fue mi encuentro insólito con Beckett. El escritor más escritor de la historia de la literatura. Junto con Franz Kafka, sin duda, de quien el irlandés tomó prestadas algunas de sus hazañas estilísticas. Toda una vida dedicada a la palabra y al atrevimiento de condensar el lenguaje al mínimo esencial de un significado musical y clarividente. «Monsieur Beckett es excelencia y oficio», dijo George Steiner en su texto dedicado a celebrar la obra del escritor.

Mi deseo de escritura siempre persiguió trabajar a la manera de Beckett. A la manera de Beckett he tratado de escribir buscando la voz de mi silencio y la verdad de mi manera de observar la vida. Los autores que he admirado (algunos de ellos aparecen en estas páginas) tienen en común un discurso salpicado de cosas no dichas y, sin embargo, audibles como gritos. Me gustaría encontrar razones convincentes para demostrar que la buena literatura se contagia. Y he procurado que algunas de ellas irrumpan en este pequeño libro que pretende ser una radiografía de mi corpus literario.

Muchos años después de este encuentro, una noche nevada del invierno ginebrino tuve la oportunidad de conocer a George Steiner. Un amigo común, Claude Bouvier, nos ofreció su casa y una cena a cuatro, a la luz de las velas, en la que Steiner, con la humildad y naturalidad que le caracterizan, tuteló como gran erudito y humanista sin dejar por ello de manifestar la profunda amistad que le unía a nuestro anfitrión. Hablamos de todos los temas que le inquietan a él y que, párvula suya, me preocupaban también a mí. A pesar de haber leído sus libros y considerarme una ferviente admiradora suya, quedé si cabe más asombrada ante la claridad de pensamiento del intelectual literario por excelencia. Me atrevo a afirmar que nunca he conocido a un hombre de inteligencia equiparable a la de Steiner. Ahora, de poder escuchar lo que estoy diciendo sobre él, se reiría de mi elogio y con toda seguridad encontraría la frase exacta, mordaz, aguda y divertida para derribarlo en un segundo.

Entre sus múltiples hallazgos críticos y reflexiones filosóficas, hay uno que resume de modo contundente varias de las observaciones que he ido aventurando en este libro.

«Ser un buen escritor significa una intimidad especial con esos ritmos del habla que se hallan a una profundidad mayor que la sintaxis formal; significa tener oído para las innumerables connotaciones y ecos enterrados de un lenguaje que ningún diccionario puede transmitir. Un poeta o un novelista a quien el exilio político o el desastre privado hubieran aislado de su habla materna es un ser mutilado.»

Éstas son también mis preocupaciones literarias. Bilingüismo, orfandad, locura, verdad, falsedad, poder o fracaso de la literatura, exilio interior, identidad y género, compromiso humanitario, búsqueda de un estilo propio… serán cábalas incesantes del texto que aquí sigue.

Voto por seguir creyendo que aún hay personas capaces de testimoniar con la palabra el comportamiento del mundo, el compromiso con el arte y con el pensamiento de la época. Los escritores que admiro han sido testigos fisgones y denunciadores de su tiempo, críticos enérgicos y audaces, apasionados del lenguaje y de sus presuntos riesgos, intelectuales sin concesiones que, al igual que los maestros aquí recordados, jamás se han dejado amilanar por ningún temor ni ninguna recompensa. Un pensador, un poeta, un novelista, tal y como se han entendido hasta ahora, dedican parte de su vida a escarbar en un lenguaje magníficamente dotado para cumplir ciertas afinidades con el pensamiento humano. Sus voces y sus silencios. Los novelistas publican, pero ¿inventan lo que escriben? Los periodistas escriben, pero ¿saben lo que dicen? Los periódicos informan, pero ¿aportan opiniones nuevas o pensantes? Los políticos hablan, pero ¿piensan? ¿Se leen verdaderamente los libros o sencillamente se hojean?

El escritor prefiere entretenerse a crear. Ya no se pregunta a propósito del destinatario de su novela, ensayo o artículo de marras. Su preocupación es de otro orden: ¿cuántas citas tiene colgadas en internet? El escritor elige navegar a leer. Lo que, en suma, significa que prefiere dejar de pensar a pensar leyendo.

Entre guerras: escribir en tiempos confusos corresponde a la conferencia magistral impartida en la cátedra Julio Cortázar de la Universidad de Guadalajara (México) con motivo de la invitación a la autora en noviembre de 2008.

Escribir y callar atañe a la conferencia dada en la Universidad de Brown, Estados Unidos, en el mes de abril de 1999.

Escribir y callar

**Entre guerras:
escribir en tiempos confusos**

Mi biblioteca no tiene ventanas. A diferencia de la biblioteca de Montaigne, situada en la torre de un castillo cerca de Burdeos, para llegar a la mía debo bajar varios pisos y encontrar un espacio en forma de cuadrilátero cavado en un subterráneo entre los cimientos del edificio en el que vivo. Mi biblioteca es oscura. Más cripta de iglesia parece que almacén de libros. Una tumba de obras literarias. Un mausoleo destinado a la lectura. Un monumento vivo. Al fin y al cabo, los libros siguen alimentando mi existencia. ¿Ahora menos? Ahora cuando tal vez ya me he convertido en libro y, de forma algo maniática, me dedico a ganar espacio para libros futuros desechando los pobres volúmenes que no sirven. Vaciando biblioteca como dicen que hacen los sabios con los recuerdos imprecisos.

¡Cuánto hubiera deseado tener al menos una ventana en mi biblioteca! Una sola. En las alturas. Bajo la luz cenital de las estrellas. Como la biblioteca de tres ventanas de la que Montaigne se sentía orgulloso de contemplar a través de ellas «tres vistas de rica y abierta perspectiva». Atisbar un poco de luz natural con la que contrarrestar la oscuridad del pozo de mi oficio. Odio y amo las bibliotecas. Por este motivo, seguramente, destiné un garaje de doble altura como espacio donde colocar la mía. Un orfanato de libros. Un hermoso y abigarrado asilo en el que abandonar a su destino diez o quince mil almas moribundas. Y desde que, muchos años atrás, me decidí por el sótano como lugar adecuado para conservar mis libros, no he dejado un solo día ni una sola noche de mantener una lamparilla encendida. ¿Será que las bibliotecas se convirtieron en templos sagrados de los lectores agnósticos? Los libros permanecen muertos en sus nichos, ineptos para reclamar nada salvo cuando unas manos inquietas y faltas de consuelo deciden abrir uno de los volúmenes y descansar en ellos. Es entonces cuando ocurre el milagro. La aparición de un eco esperanzador. Un mundo que ilumina.

Yo estoy arriba. Ella abajo. Yo escribo. Ella sigue muda. Yo soy hija. Ella: madre milenaria. Cuando me conviene, voy y vengo de la biblioteca a mi cama, del sillón de lectura a mi mesa de trabajo de escritora. En este deporte consiste la gimnasia de la literata inquieta. La cama es también mesa de trabajo de la escritora lectora. En casa, todos los rincones son mostradores de invitación al pensamiento ensimismado que es, en el fondo, una forma de lectura interior. Los libros suben y bajan conmigo. Caprichosamente, algunos. Otros por la necesidad que me impone el privilegio de escribir. Nunca leo novelas mientras estoy escribiendo narrativa. Ni poesía cuando escribo poemas. Leo lo contrario de lo que escribo. Un género literario distinto como resorte para saltar siempre hacia delante. En alguna ocasión he querido imaginar a Borges o a Canetti observando mis ejercicios de concentración acróbata que consisten en moverme entre volúmenes y anaqueles como Nabokov se agitaba en el prado con su cazamariposas. No teniendo bastante con leer los libros de autores infectados de literatura, he ido introduciendo sus vidas y quimeras en algunas de mis primeras novelas. Narrando peripecias compartidas con ellos con la familiaridad de los seres queridos, convirtiéndolos en personajes novelescos para que pudieran llegar a formar parte de mi vida.

Duermo con libros. Me gusta dormir con libros. Como si creyera que sus páginas pudieran volar sobre mis sueños secretos. Tengo con los libros y sus autores una relación de intimidad y cercanía progresiva. Gracias a ellos soy escritora. Gracias también a ellos seré capaz de dejar de escribir cuando considere que llegó la hora del prudente silencio. Cuando el escritor domina tanto su oficio que deja de escuchar los ritmos internos de su voz adormecida, es preferible callar a ser una parodia de su propio estilo. Mientras tanto, vivo convencida de que mi mirada sobre el mundo, mi admiración por el conocimiento y este pensamiento vago, rebelde y enfermizo que me caracteriza se lo debo a los libros. Los escritores verdaderos rodean constantemente la locura y sus límites. Son reales. No una invención del mercado. Escribir es jugar a hacerse el loco.

Pero ¿quiénes son los escritores verdaderos? ¿Los libros verdaderos? ¿Los editores y lectores verdaderos? ¿Debemos dar por sentado que existe una literatura auténtica y otra falsa? La literatura que amo es verdadera. Es verdadera aquella literatura en la que, según palabras de Milan Kundera, el novelista nace sobre las ruinas de su mundo lírico. Es verdadera la literatura que esconde debajo de su caparazón un cementerio de poemas.

La mayoría de autores importantes se hicieron algún día esta pregunta: ¿Mi escritura es verdadera? Lo que no ocurre con muchos escritores de hoy en día que optan por no formularse ni tan sólo esta suposición. La dan por hecha. Sólo en un caso, notorio, John Grisham, el conocido autor de best-sellers, llegó a admitir categóricamente en una conocida entrevista su papel de intruso en el mundo literario: «Sé que lo que yo hago no es literatura». Asume que sus libros, millones de libros vendidos, no son literatura. Y además añade que la alta literatura le aburre. Pero aclara algo más sobre ella: «No entiendo por qué dicen que es tan buena».

Veamos por qué es tan buena «la alta y *aburrida* literatura y tan mala y *distraída* la otra».

La complejidad del alma humana es un estado que permite varios niveles. Yo llamaría privilegio a la capacidad de transmitir pensamientos y emociones profundas en un lenguaje accesible a unos pocos. Escribir bien es difícil. Pero los millones de lectores de Grisham, al igual que él, no se pueden permitir divagar en sombras, sensaciones y conceptos. Lo primero es la acción. Escritores y editores comerciales quieren mantener al lector en vilo utilizando las armas de suspense oportunas, lugares comunes inevitables, reglas de estilo planas y convencionales. Estos lectores y compradores de libros-probeta son incapaces de creer, como dice Borges, que una sola frase puede salvar un libro. Por el contrario, quieren una novela fácil y rápida de leer. Que no ponga dificultades de texto y trama.

Que la entiendan legos y aficionados en la materia escrita.

¿Es éste el lector que los escritores verdaderos buscan? ¿Por qué no? ¿Por qué empeñarse en ser segregacionistas? El escritor no escribe para una categoría determinada de lectores. Suponer que algunos escritores escriben sólo para otros escritores comenzó siendo una falacia inventada por un mundillo literario interesado en admitir la división entre buena y mala literatura. Veámoslo desde otro punto de vista. Leer es enseñar a leer. Como amar es aprender a amar. En 1923, cuando Borges publicó su primer libro, *Fervor en Buenos Aires,* movido por su interés de conocer personalmente a sus lectores regaló la edición completa de los trescientos ejemplares de su obra a sus amigos. Se escribe y publica para multiplicar el número de lectores, a sabiendas de que la complejidad del lenguaje suele ser enemiga del triunfo mediático y que la exigencia de la voz propia es la única arma seria de escritura. Pero los tiempos cambian. Las necesidades son distintas. El humanismo, por desgracia, ha pasado a la historia. La reflexión intelectual es vista como bestia de otras épocas. Muchos escritores deciden plegarse al lector acomodaticio. Y los editores son los primeros en estimular a los autores para que escriban obras comerciales. He visto con ojos estupefactos cómo se construía una novela de la nada, una novela de gran éxito, atribuible a un solo autor, pero en cuya elaboración trabajaron ocho personas.

El desconcierto domina no solamente la literatura. La cultura en general y el conocimiento académico sufren tormentas y tempestades chinescas bajo las que sobrevivimos sin apenas inquietarnos. Las imágenes publicitarias no dejan de celebrar la agonía de las letras. Allá donde va uno el clamor es el mismo: «no pienses», «la cultura engorda», «los intelectuales son cabezas de chorlito», «el arte a la basura»… A estas alturas, a nadie le importa que Gustave Flaubert hubiera dicho que él no escribía novelas para comentar sus opiniones con la gente. Su motivo era otro: «Siempre me he esforzado por llegar al alma de las cosas». En esta afirmación consiste la esencia de la literatura para mí. Lo que no se explica solamente con palabras y, con todo, se fundamenta en ellas y en el silencio que desgajan. Sin embargo, la nueva manera de vender literatura persigue lo contrario. Los escritores suman frases como mensajes salidos de una máquina absurda de mercadear palabras. ¡Si cuanto menos fueran nuevas! Las novelas y las palabras. Pero las palabras parecen también partidas por la mitad, se disparan igual a sobres vacíos, sin nada que sugerir, nada con lo que jugar a la ambigüedad del ser. Estas palabras mienten. En un mundo confuso todo es real. Nada es enigma, insinuación, incertidumbre, sueño. Hasta la lengua miente. ¿Qué hablamos cuando hablamos? ¿Lo contrario a lo que pensamos? O escapamos del pensar y de ahí nuestra charlatanería ruidosa y distraída. Ojalá fuera confusa. Pero cada vez son más raras las personas que se prestan a admitir la indefinición de sus vidas. Si el mundo resulta borroso, extraño y nada es lo que parece, allá el mundo y sus manías estéticas. Carpetazo a lo poético del mundo. Incluido lo que sólo una novela o un poema pueden llegar a decir. Una de esas novelas o poemas que ayuden a pensar. Las que menos se leen, por cierto.

¿Por qué ponerse a pensar lo que no se siente? Pensar significa, en primer lugar, tiempo para rumiar el pensamiento. Hay novelas que piensan y otras que se dejan pensar. Y no son precisamente éstas las que la gente compra. La verdad es demasiado fuerte y requiere un aprendizaje forzoso. Aprender a leer de verdad la realidad del mundo supone un esfuerzo de intuición, emoción y clarividencia. Se prefiere, entonces, ponerse gafas oscuras ante la realidad y creer que lo real es lo que se entiende por práctico, positivo, moneda de cambio, fácil, llevable, tangible, superficial, ruidoso, previsible, seguro, profiláctico.

En una de las mejores novelas de Virginia Woolf, *Entre actos*, su autora sitúa su historia en pleno conflicto de la Segunda Guerra Mundial. En esta novela póstuma, Virginia Woolf (la autora se suicidó antes de ser publicado el libro) encuentra la mejor manera de expresar a sus lectores el horror de la guerra y la consecuente desintegración del mundo, al mismo tiempo que va mostrando la desintegración de la novela. El argumento, en apariencia, es muy simple. Su personaje principal, la señorita La Trobe, está tratando de representar una obra de teatro, en un jardín inglés, para un público familiar. En la construcción del personaje, debo decir, son visibles muchas reminiscencias de la autora. Su ánimo dolorido. Su incomparable inteligencia. Su espanto ante la ferocidad nazi. No en vano, fue ella la primera autora que se atrevió a escribir que la mujer era el judío del marido.

Después de más de quince años sin leerla, vuelvo a tener aquí, sobre la mesa, esta novela esplendida de la literatura contemporánea. Cuando recordé vagamente la turbación que me produjo su primera lectura, bajé a la biblioteca a por ella. La encontré, lo que no es siempre fácil. Di con la página que buscaba, lo que todavía es más insólito, pero con los libros ocurren hechos inesperados. El libro se abrió por la página que mi recuerdo andaba buscando. Esas cosas suceden a los novelistas. Es una señal. La señal de que el escritor va por buen camino en sus ideas y reflexiones. Que los libros son mágicos y misteriosos y que hablan entre ellos es un fenómeno que llevo años intentando demostrar sin demasiado éxito. Existen países donde los libros se entienden entre sí en lenguas que sólo a ellos pertenecen. La mirada lectora es aviesa. Viaja de un paisaje a otro y se detiene en el lugar donde más se asombra. Y cuando doy con un texto sorprendente, como el que voy a citar, tengo patentado un recurso que no por viejo resulta menos efectivo. Copio (es decir: escribo en mi ordenador, mi segunda biblioteca, ésta sí en las alturas) el texto exacto que tanto me ha impresionado. Borges inventó una literatura a partir de este extrañamiento literario. Logró escribir (o hacernos creer que así lo hacía) un libro distinto al de *El Quijote* repitiendo palabra por palabra, línea por línea, la obra de Cervantes. Yo me limito a copiar para conquistar. Copiar para aprender. Copiar para adivinar:

Véase un ejemplo:

Allí estaba la señorita La Trobe con la vista fija en el libreto. En él, había escrito: «Después de los vic... diez mins. del tiempo actual. Golondrinas, vacas, etc.». Quería ponerlos en evidencia, quería ducharlos con la realidad de los tiempos actuales. Pero, en el experimento, había algo que no funcionaba. La señorita La Trobe murmuró: «La realidad es demasiado fuerte». Añadió: «Malditos sean todos». Sentía todo lo que el público sentía. Los públicos eran diabólicos. Oh, si pudiera escribir una obra teatral sin público –*la obra*–. Pero allí estaba, frente al público. Segundo a segundo, el público iba escapando del lazo con que ella lo había atado. El jueguecito de la señorita La Trobe no daba los resultados apetecidos. Si por lo menos tuviera un paño negro para colgarlo entre los árboles, para eliminar las vacas, las golondrinas, los tiempos presentes. La señorita La Trobe había prohibido la música. Arañando la corteza del árbol, la señorita La Trobe maldijo al público. El terror la dominó. De sus zapatos parecía manar sangre. Esto es la muerte, la muerte, la muerte, anotó en el margen de su mente; cuando la ilusión se desvanece. Incapaz de levantar la mano, se quedó mirando al público.

Entonces, cayó el chaparrón, súbito y profuso.

…Y el agua cayó, como si fuera el llanto de todos los seres humanos. Lágrimas. Lágrimas. Lágrimas.

…Lágrimas de todos los seres humanos, llorando por todos los seres humanos. Manos se alzaron. Aquí y allá abrieron parasoles. La lluvia era súbita y universal…

Secándose las mejillas, la señorita La Trobe emitió un suspiro y dijo:

–La lluvia lo ha conseguido.

Cuando reproduje la cita de Virginia Woolf se me vino encima una montaña radiactiva de referencias. Descubrí un libro distinto a la primera novela que leí en su día. Otra literatura. El texto citado es igual en todo al original salvo en que está aislado de su entorno-fuente de lectura. Como cuando apartamos una rosa de un rosal esquivo. Vemos la rosa. La rosa nos mira y el nacimiento rosa aparece como fuente de creaciones impensadas. Cuando los escritores decimos que escribir es reescribir nos referimos precisamente a este proceso. Al escribir nos transformamos un poco en Woolf, Dickens, Chéjov, Kafka o Cervantes. Nos concedemos la posibilidad de ser ellos escribiendo en sus mesas de trabajo, nos convertimos en sus sombras gemelas hasta el punto de imaginar que con algo de suerte podremos contagiarnos de su estilo.

Al leer, como doble del autor del libro que tenemos entre las manos, hay veces en las que conseguimos algo mucho más extraordinario desde el punto de vista del buen lector. Entramos de lleno en el corazón de la novela. En verdad, lo único que se persigue al leer es conseguir impregnarse del mundo narrativo o poético que el escritor ha tenido la generosidad de presentarnos. Entrar en una obra creativa requiere ciertas exigencias lectoras. La primera: concentrarse en el texto al punto de formar parte del libro que estamos leyendo. La segunda: ser hábil para leer más allá de lo que el autor pensaba que seríamos capaces de leer de su libro. Y tercera: leer para descubrir el silencio del libro. Pretensiones que no se dan cuando la novela que se lee resulta tan acomodaticia, previsible y simple que se lee de corrido. Y se olvida al momento. A la espera de la llegada de una segunda novela del mismo autor que el mercado publicará de inmediato dado el éxito de la anterior.

Vivimos en un sistema dedicado a producir libros como máquinas tragaperras de lectura. La máquina-libro ha devorado el lenguaje literario. La esencia de la literatura. Su inmortalidad. Este fenómeno, la muerte del lenguaje, importa a muy pocos. Solamente interesa a algunos escritores que persisten en su idea de desafiar al poeta Dante con su escritura y también a algunos lectores que reclaman la aparición de nuevos autores dispuestos a conseguir este ambicioso cometido.

Escribir es difícil. Nunca he dejado de repetírmelo. Escribir es un ejercicio lento que requiere de un tiempo (toda una vida) que muy pocos están dispuestos a entregar fácilmente. El deseo de los autores clásicos siempre ha consistido en encontrar un modo de decir y contar que los identifique como autores únicos. Escribir para contar lo que no se escribe. Escribir las cosas como nadie las ha dicho antes. Menudo objetivo insensato el nuestro. Porque finalmente el autor es el gran inválido del lenguaje, un paciente malcriado que ha olvidado los motivos de su enfermedad y los deja a disposición del investigador clínico y crítico que operará en el cuerpo de su texto.

Cada generación suele recurrir a aquellos libros que merecen su nivel de lectura. Dime lo que lees y te diré qué escribes. Hay miradas que leen para olvidar y otras para adelantar palabras como si fueran metas de carreras supersónicas. Tampoco hay que alarmarse ante la invasión de libros bárbaros: libros para dormir, para copular, para irse a la playa, para encontrar marido. Parece poco probable que este personaje devorador de alfabetos y segundos sea el lector para tu literatura privilegiada. Si no lees a Ken Follet resulta absurdo pretender que lean tus libros los lectores devotos de Follet. Cada día nacen más adoradores de novelas sin ideas, historias sin relieve, pasiones sin la desazón del espíritu melancólico. Y cada día mueren lectores copistas de literatura. Los que leyendo se hacen libro. ¿Por qué no aprender novelas de memoria? ¿Existirá un músico que no sepa de memoria más de una partitura? No lo creo. Lo más parecido a la música es el lenguaje literario. Hagamos como ellos. Musiquemos.

Toquemos el piano de las letras. Yo lo hice. Fui escritora porque quería ser pianista. Y no cesé de tocar y tocar el piano de mi teclado mecanográfico reproduciendo mi música y la música inventada por otros. Se me abrió un mundo cuando descubrí que Gabriel García Márquez se hizo escritor aprendiendo de memoria dos novelas inmortales: *La metamorfosis* y *Pedro Páramo*. Se convirtió en pregonero de un lenguaje y de un tono que de tanto repetirlos le acabaron perteneciendo por completo al punto de ser capaz de crear una nueva literatura. Prisionera de mi biblioteca, como Montaigne de la suya, he seguido con tesón un sistema que me permitiera habitar las voces de los grandes autores de la literatura. Copiaba en mi antigua máquina de escribir libros de Proust, Faulkner, Dickinson, Rulfo (por supuesto), Natalia Ginzburg (porque tiene un encantamiento especial con el lenguaje), Kafka (inevitable) y algún otro. La operación de copiar para escribir tiene unos límites. Funciona al principio como ejercicio de dedos, interpretativo. Después, hay que detenerse por completo. De lo contrario, corre uno el peligro de convertirse en otro de los Funes memoriosos que invaden los supermercados de la literatura. Libros que de tanto repetir ya dejaron de tener ideas propias. O ninguna idea. Decidida a escribir una novela inexistente, venían rápido todas las lecturas antiguas a corear mi escritura. Estaba obligada a echarlas fuera de mi libro. Matar la lengua ajena y al mismo tiempo celebrarla. Alabar y repudiar lo amado y también temido.

Construir un texto personal es un ejercicio desquiciado. Muchos escritores se suicidaron por esa causa. ¿Siguen haciéndolo por amor y odio a la literatura? Pregunta cuya respuesta no deja de ser significativa. Que cada palabra sea un grito en la negrura enciclopédica es un desafío que sólo ganan ciertos adolescentes, las mujeres solas, los hombres fracasados, los impertinentes de la literatura. Y algún poeta.

¿Seguirán escribiendo los escritores sobre los temores, riesgos e incertidumbres de su escritura? La señorita La Trobe, sí. Nunca dejó de preguntárselo. Quería empapar de realidad a su público. Un público maligno, según ella, porque lee libros lo mismo que si se diera aire con un abanico. Un lector siniestro que escapa continuamente del lazo con el que la autora pretende encadenarlo. Al juego de escribir «la obra», su público lo está viendo como la travesura de una solterona. Y, en verdad, son pocas las ocasiones en las que este público lector regala los resultados pretendidos por la escritora. ¿Dónde encontrar al lector que vuelva a escribir con uno el libro de los libros?

«¡Oh si pudiera escribir una obra teatral sin público –la obra–!», insiste la señorita La Trobe.

¿Dónde encontrar este lector anónimo? Dan ganas de levantar la mano y como alumna que trata de destacar ante la maestra decirle: Aquí estoy. Leyendo la novela *Entre actos*. Aquí sigo, después de tantos años. Aquí seguirán otros lectores en siglos venideros. Pero La Trobe no me ha visto. Ni siquiera podía imaginar que cien años después aún se hablaría de ella. Entonces, lo único que le importaba era resaltar la grave evidencia de su tiempo mediante «la obra». Esta obra de teatro familiar que es a la vez una metáfora de la gran literatura. Pero en el experimento de La Trobe había algo que no funcionaba. ¿La intención de la autora de la pieza teatral? ¿El mensaje velado de su compromiso contra la violencia y la guerra? ¿La incomprensible guerra? Sus muertos. Mis muertos. Nuestros muertos. ¿O, por el contrario, era la hipocresía del público-lector la causante de la apatía receptora? El hecho de ver a su confortable público moviéndose a ciegas como peces ausentes en sus vientres de pecera, fastidiaba a la autora hasta un punto indecible. Se permitió el lujo de despreciar a todos sus lectores. Malditos todos. Se enfureció pese a estar convencida de que ella como autora de la obra estaba al margen y siempre lo estaría. Al margen porque su escritura no tenía un lugar, siempre de viaje por el camino torcido; al margen por ser mujer, una mujer libre, independiente, una especie de matrona sin hijos, un árbol estéril del que sólo colgaban secretos y palabras.

Su voz era única. Nadie podía reproducirla. El terror la dominó. Volvió a insultar al público. Como si ya supiera con antelación lo que también iba a suceder con la novelista: ¿quién lee a Virginia Woolf?, ¿qué novela suya es hoy en día un best-seller?, ¿se seguirá hablando de la Woolf en siglos venideros? Esto es la muerte, pensó tres veces seguidas y anotó esta revelación a un lado de su mente inquieta. Precisamente en ese no lugar donde se escribe la escritura. En el silencio discutido de la página. Donde la realidad, por intensa que sea la afición en retratarla, nunca se ve a primera vista hasta que con suerte viene la escritura misma a redimirla. A llenarla de voces. La verdadera escritura ve las cosas que creemos que estamos viendo y que, en realidad, no vemos. La escritura escribe en la orilla del pensamiento del escritor.

La señorita La Trobe deseó con todas sus fuerzas destruir la obra. Si por lo menos tuviera un paño negro para taparlo todo. Los tiempos presentes. Deseó con todas sus fuerzas dejar de ser la autora para convertirse en palabra, lengua, texto. Había cedido en vano la mitad de su vida para conseguir retratar la hipocresía humana, el sufrimiento de las almas inseguras. Y ahora, cuando todo su trabajo estaba destinado a duchar al lector con la realidad de los tiempos actuales, nadie la entendía. La realidad era demasiado fuerte y ningún lector quería verla. Son pocas las personas preparadas para ver la realidad completa. Acaso nadie quiera verla. Así estaba ella, en el jardín, perdida entre sus furias y divagaciones cuando de pronto sucedió lo más asombroso. Mientras La Trobe buscaba conmocionar al público, darle un buen puñetazo de realidad, sacudirlo de su asiento lector, hacerlo estremecer hasta la nausea, gritar, llorar, rebelarse, entonces sucedió algo extraordinario. Un diluvio obró el milagro. Todo el público lloraba. El aguacero ordenó lágrimas y más lágrimas en los ojos de sus lectores. Lágrimas de todos los seres humanos llorando por todos los seres humanos.

Al fin, lo había conseguido.

¿Qué había conseguido? Ser apartada una vez más de su querido público. Ser expulsada de la quimera del lenguaje. Había conseguido la obra. Eso sí. La simulación de que al otro lado existe un mundo capaz de levantar las manos para aplaudir el canto de sirenas que es el texto literario. Ya está. Eso era todo. La obra no podía escribirse nunca al servicio de una causa o autoridad extraliteraria. Cuando la obra se escribe con el propósito determinado de lograr un objetivo útil o ventajoso para cualquier interés partidista o ideología política, la obra se hunde en un océano de intereses ajenos al arte literario. Es como lanzar piedras al mar y esperar que floten. Nadarán las falsas y artificiales. Emergerán novelas simuladas.

Sí. Los tiempos presentes son confusos. Abren sus bocas los políticos para quedar tan silenciosos como antes. ¿Qué leen hoy en día los políticos? Es una pregunta tan irrelevante que ni los periodistas se distraen en formularla porque la respuesta puede ser terrible. Nada importante literariamente hablando. La lectura no interesa a casi nadie. Sólo pregunta qué libros estamos leyendo la persona que también está leyendo. Literatura de investigación o de kiosco. Literatura de avión o de aeropuerto. Internet ha venido a satisfacer todas aquellas antiguas horas «perdidas» de lectura.

Jamás se habían publicado tantos libros y nunca fueron tan mal leídos como ahora. Se planea por la lectura de terrenos ordenados en parcelas. Inaccesibles. El mercado ha colocado la novela en estado de excepción. De ahí que se alabe una novela porque resulta fácil de leer. O se hable de novelas sin haberlas leído. O se escriba sobre ellas sin criterio lector porque el sistema tecnológico se ha comido el sentido crítico. Todos nos creemos capaces de escribir libros. El ordenador es la herramienta milagrosa. Sumas ordenador más internet y ya tienes un libro. ¿Qué libro te llamas tú?, dan ganas de preguntar a veces. El dinero impone en muchos casos el valor de una literatura de marca. Entonces, sueltan el título del libro con tono prepotente. Si lo han leído o no, no importa. Lo tienen. Lo saben. Están informados de lo que debe leerse en el mercado.

Cultivan su erudición de farándula con tal de poder mantener un nivel de felicidad con el que eliminar (suponen) el interesantísimo valor de la tristeza al tiempo que desdeñan la ilustración, los valores estéticos, humanistas y literarios por considerarlos rancios, clásicos, complicados, en desuso.

Lo cierto es que pensadores y escritores somos fastidiosos con nuestras monsergas sobre la frivolidad del arte y la cultura, sobre la violación del yo, sobre la felicidad enlatada o la inutilidad de todos los lenguajes simulados.

Los intelectuales resultamos molestos porque invitamos a pensar sobre los problemas del mundo. Somos importunos por nuestra disidencia. Porque exigimos ser impares, privados, impertinentes, individualistas. Adscritos, como reivindica George Steiner, al único partido interesante, el partido de la privacidad:

> Cuando tropiezo con un reality show de esos que ahora dominan la televisión, me asquea. Los cuestionarios, los documentos oficiosos que hay que rellenar, las rampantes vulgaridades de en-

trevistadores e interrogadores, la «cámara indiscreta» y el ladrido del teléfono se me antojan una pesadilla desencadenada por las tecnologías de la información. Tened presentes las acepciones del término «informador». En nombre de la eficacia clínica, de la seguridad nacional, de la transparencia fiscal, nuestra vida privada es escudriñada, grabada y manipulada. Al mismo tiempo, las artes de la soledad, de la comedida discreción, de ese inviolado silencio que Pascal situó en el centro de la verdadera civilización y de la edad adulta, han sufrido una gran merma. Se ha estimado que el transeúnte medio que pasa por las calles del centro de Londres es fotografiado unas trescientas veces por cámaras de vigilancia ocultas. Manifestar mis convicciones políticas –suponiendo que pudieran ser de interés para alguien– me ha parecido una fundamental infracción de la privacidad. La retórica política y los espectáculos políticos, ya sean democráticos, ya sean totalitarios, se asemejan a una colonia nudista. Sin embargo, ¿cómo puede haber una política privada?

No estamos hechos para vivir como brutos, *come bruta*, sino para seguir a la virtud y el conocimiento donde quiera que nos lleven, al coste personal o social que sea.

Y el coste es elevado. El pensamiento intransigente, la creación artística y científica están contemplados como si fueran cánceres del espíritu porque son valores que no proporcionan beneficios tangibles. Incomodan la alegría trivial en la que debemos estar inmersos. Las grandes obras literarias que aún se escriben actúan como meteoritos que chocan con lo políticamente correcto. El escritor no puede rehuir su categoría de bufón, de coreador de la corte que todo sistema debe agenciarse para llamarse algo.

La buena literatura sorprende misteriosamente. Pone melancólico. Ayuda a aprender a pensar. A tentar a Dios y a imaginar su muerte. La buena literatura enajena el alma, inhabilita el saber, oscurece la felicidad, alivia el dolor. Humaniza. La buena lectura murmura saberes profundos apenas intuidos. El escritor puro es el que tropieza a cada rato con los muros y convenciones del lenguaje. En realidad, cuando escribe, es sordo y mudo a todos los idiomas fuera del rumor de su pensar etéreo. ¿Puede un escritor aislar su realidad de la realidad objetiva del mundo? El yo poeta es lo único real con lo que contamos para hacer historia literaria. Mi yo, mi fantasía del pensar, los libros que he leído, mi circunstancia vital, los libros que he rechazado, escriben por mí. Escribimos a amantes inventados. En un lenguaje imposible de resolver. La escritura conoce a tientas su camino. No hay que forzarla. Los pensamientos vuelan y el escritor se dispone a cazar algunas de las sombras. Al comienzo, empezamos violentando la escritura para disfrazarla de otra cosa. No basta con traducir las emociones. Hay que escarbarlas en la tierra y compartirlas en la página.

En ocasiones, conseguimos escribir libros llenos de realidad, belleza y sabiduría pero no libros necesarios. Los libros necesarios son reveladores. El autor y su texto conforman un solo cuerpo. Es una unión no premeditada. Surge del interior. Del instinto del pensar. La novela vive. Sabe más que el autor a propósito de su existencia y de la existencia toda. No conseguimos comprender adónde nos va llevando. Es una voz que grita, calla o se suicida. Otras veces cabalga y se detiene de golpe. Ha encontrado algo. Un hallazgo o un obstáculo. La novela va dejando de ser para ser otra. De la novela sólo queda la intuición, la caída de la idea, la heroicidad del tono.

¿Sobrevivirán las novelas? No me refiero solamente a aquellas novelas que pueden ser contadas. Hablo de las novelas imposibles de contar, resistentes al cine. Las que se niegan a ir más allá de la lectura de nuestra emoción e inteligencia. Y en cada ocasión en la que aparece un nuevo intento de convertirlas en película el resultado es siempre una caricatura del origen.

Se me dirá que tengo una visión idealizada, romántica y hasta dramática de la literatura. Bienvenido el reproche. Un pensamiento testarudo cuida de alimentar mis argumentos sobre las incertidumbres de mi oficio. El placer de escribir o la ilusión del pensar son las señas capitales de mi vida de escritora. En una época como la nuestra, que repudia todo lo que no es gregario, mediático y comparable a algo experimental, tangible, ponerse a hablar de la espiritualidad y tristeza de la novela es visto como insólito y decadente. Desear estar solo, leyendo, pensando, escribiendo, bajo la falsa apariencia de un ermitaño confundido con la existencia humana, está considerado como una excentricidad. Disponer de una biblioteca viva con miles de volúmenes es una extravagancia. La biblioteca no sólo no participa de la industria del espectáculo sino que va en contra de ella. Por mucho que el papel impreso imponga resistencia, las bibliotecas tradicionales están condenadas a su desaparición o, en el mejor de lo casos, a convertirse en archivos subterráneos.

Y, entonces, qué pasa con la literatura. ¿Toca también su fin? Los editores no están dispuestos a empobrecer sus bolsas monetarias. Cada día hay que descubrir un nuevo escritor que contribuya a sacudir la maquinaria del dinero, del éxito y del mercado. Se inventan nuevos retos imaginarios sobre escritores de papel. Los libros son ahora soportes de lo sobrante de las personas que, por otro lado, son alérgicas al soporte libro. «De esto que me cuentas haremos un libro», promete el sagaz editor. El objeto libro sirve para ofrecer un plus en la imagen frívola del escritor fantasma. Un libro puede contarlo todo: desde el número de camisas que contiene el armario de un actor famoso a las mil maneras de comprar y moverse por la ciudad. El dinero, y no la ambición estética, es cabeza de serpiente de la literatura actual. Y del arte en general. Del arte verdadero.

Mi biblioteca va pareciendo cada día más un archivo prehistórico. Admitámoslo. Ha adquirido el color vainilla del papiro. Se va pareciendo cada vez más a la biblioteca imaginaria de la novela *Auto de fe* de Elias Canetti. Cueva del intelectual fantasma, encerrado y perdido entre sus libros. Sumido en su locura libresca. ¿No decía Cervantes que los muchos libros terminan por volvernos locos? He saqueado parte de mi biblioteca en varias ocasiones pero sigue multiplicándose. Hay algo de desafío en esta forma de acumular tesoros decadentes, despreciados por la sociedad de consumo que valora la supuesta utilidad y la moda de los objetos modernos por encima del patrimonio intelectual o de conocimiento que puedan proporcionarnos. Todo está en internet. Y no es una apariencia. Casi todo lo publicado en el mundo puede llegar a ser nuestro en un segundo con sólo mover la tecla milagrosa. Mi biblioteca es una provocación a un sistema que tilda de personaje sospechoso a cualquier individuo propietario de una biblioteca. La pantalla electrónica refleja el vacío del mundo. Es decir: el no mundo. Por el contrario, la biblioteca es una caja reproductora de muertes y melancolías, un hogar donde sólo pueden sentirse a gusto las personas que deseen un conocimiento más profundo sobre el mundo y sobre nosotros mismos. La biblioteca es un despilfarro, produce un efecto bárbaro a todo aquel que considera el acto de pensar como un torpedo al disfrute del consumo.

Sin duda, a los vecinos de la comunidad donde vivo les resulta estrafalario que yo haya destinado mi garaje a poner una biblioteca. Allí se espera que uno coloque los diferentes coches que debe tener en propiedad para sentirse protegido de los desequilibrios y sinsabores del mundo. Los coches han aparecido para sustituir primitivas bibliotecas. Proporcionan una marca a su propietario, un sentido de honor a la familia, y dan seguridad emotiva. Son indiferentes y mudos. Los libros, por el contrario, son altavoces secretos. Desaprovechados. Pero yo no tengo una biblioteca para mostrar cuán feliz o infeliz me siento con o sin biblioteca propia. Tengo una biblioteca para ser. Una biblioteca como lazo atávico a mi tradición lectora. No crea nadie que la biblioteca es mi lugar de muerte y encierro. Tiene más de manicomio que de necrópolis. Siempre estoy alerta. Yo escribo. No vaya a confundirme un libro con otro libro. Está preparada para defenderme. La mantengo como explosivo idóneo capaz de revolucionar silenciosamente el mundo. Como si mi biblioteca fuese una gramática o un diccionario, me sirvo de ella para marcar el límite entre el hecho de pensar y el de escribir. Su mejor recompensa es haber hecho de mí varias personas. Tiene algo de monstruo de mil cabezas. Es una bestia cargada de vacilaciones. Un corazón de humanidades. Cuando se muestra indiscutible o invasora, la abandono. Huyo. Viajo a otros territorios. A mi mesa de escritora.

Para escapar más allá tengo mi ordenador. Escribo lejos del laberinto de libros. En otra parte. Desde la cumbre, dictando sentencias en la nada, mientras vigilo que mi lengua hablada no sea igual que mi lengua escrita. El ordenador me hace verbo. Que mis libros no vayan a parecerse ni de lejos a los libros hablados de los otros, de los que apenas leen libros. O leen libros falsos y dictados por la impaciencia cotidiana. Con aquella misma lengua que sirve para comer, aparearse, mentir, hacer libros. Con esta lengua elemental, telegráfica y carcomida que empleamos para comunicarnos con el otro, se escriben libros en el ordenador sin concederse el tiempo básico y necesario para pensar el libro. Sin pensamiento no hay lectura y sin lectura resulta imposible la escritura. Ni se consigue procurar a esta lengua impropia un acento personal, una cadencia que la distinga del resto. Escribir es cohabitar con el pensamiento, cubrirlo de silencios y concebir relieves. Hay novelas que repiten frases y párrafos sin torcimiento alguno. Dicen las mismas cosas que hablan las personas entre ellas. Planas como fotografías. Calcos exactos del habla. Cuando, por el contrario, escribir es doblar la lengua. Adulterar el signo en la hoja en lugar de colocarlo como emblema de pastel de aniversario. La novela distrae porque ayuda a reflexionar sintiendo. Piensan las emociones. Las novelas son tristes porque hasta el erotismo es primo hermano de la tristeza. Hay novelas felices escritas por personas adictas a una felicidad que es opio de un minipueblo expulsado de las guerras, de todas las guerras. Escribir consiste en poner la felicidad en entredicho. Se escribe para testimoniar. Para decir la verdad. Para tratar de lograr algo más importante que la vida pensada. La vida vivida. Todos los batallones de lucha impuestos por el mercado feliz de novelas felices son la realidad injusta de los escritores infelices. Tenemos demasiados frentes de guerra en el mundo, en nuestro país, en nuestra propia casa, para ponernos a fabricar una escritura sin ecos ni códigos secretos. En medio de las guerras tratamos de construir nuestras ruinas de palabras. Cada huella del cataclismo puede ser una pieza clave para la literatura, la que sobresale o ignora el vicio artificial de la escritura.

¿Y la trama? Usted se olvida de lo más importante de la novela. La historia del tejido. ¿Cuál era el juicio de la señorita La Trobe a este respecto?:

> ¿Tenía importancia la trama? Isabella rebulló, y miró por encima del hombro derecho. La trama sólo servía para engendrar emociones. Sólo había dos emociones: amor y odio. No había necesidad alguna de desentrañar la trama. Quizá fue esto lo que quiso decir la señorita La Trobe al armar este lío en plena representación.
>
> No te preocupes de la trama. La trama no es nada.

La trama es aire en la novela. Uno de los errores de los escritores mediáticos consiste en creer que escribir novela se reduce solamente a contar historias llamativas. Es decir, que la intensidad y el impulso del relato dependen de la historia o historias que el autor va guardando en su manga y que irá sacando en su momento para mantener al lector en vilo, y soltarle al final la apoteosis del relato, la solución del complot. Como una gran maravilla o desconcierto. Pero la novela no es un mecanismo de reloj que el escritor programa creando situaciones falsas y ajenas al servicio de la trama. La intriga proviene de las revelaciones confusas pero no de la sucesión absurda y accidental de los acontecimientos. Una novela no es un cajón donde ocurren cosas a los personajes. Una novela es un tejido donde los personajes transitan para sorpresa de su autor que sólo busca estar al servicio de la historia. El personaje es la trama de la novela. Su núcleo vital. Todo gira alrededor de algo que piensa, busca, mueve, gana, pierde o se retira. La trama es la línea de sombra que separa la novela muerta de una novela por vivir. La trama es la señorita La Trobe arañando la corteza del árbol, maldiciendo al público frío y pasivo, evocando la muerte y sorprendida cuando ve caer el chaparrón que convierte en lágrimas la carencia emotiva de este público irreflexivo. Inteligencia y emoción son los dos ases triunfales de la trama.

Escribir entre guerras es asumir la ausencia de un camino de salida a la novela. Novelar para ver más lejos. Escribir entre guerras es pelear por la vida y la muerte también de la novela. Vida y muerte: las dos caras de la moneda novela. Mi novela, las novelas vivas y verdaderas, me explican a mí, lectora todavía de novelas, la complejidad de una vida sin novela. ¿Para qué escribir novelas?, insistirán los descreídos del mundo. Porque novelar es tratar de levantar el velo a la oscuridad de un pensamiento desactivado por la abundancia de libros y otros objetos insulsos, sin cimientos vitales. Entre sombras de mar oscuro navega mi biblioteca. Andan los libros más confabulados entre ellos que con su dueña ciega de lectura y siempre menos instruida que la obra que construye. Las guerras envenenan bibliotecas, asesinan a sus bibliotecarios y liquidan a lectores y escritores. Pero ya no hay libros que quemar cuando los libros ni siquiera merecen ser leídos.

¿Soy libro? ¿Obra? ¿Mujer? ¿Madre? ¿Novela? ¿Amo tanto los libros que busco perdurar con ellos en forma de novela? Me pregunto si no escribo para desafiar tanto vicio de lectura. Para parodiar una lucha de esgrima con la muerte. Si pongo atención a la quietud de mi trabajo podría escuchar el sonido de los sables rasgando el aire de las letras. En la casa del padre la biblioteca era un monumento inalcanzable, intruso. En mi casa la biblioteca es etérea. Trato de atrapar la lengua de mis libros, su idioma particular, el único idioma que en verdad me pertenece. ¿Es mía? ¿O incumbe a la posteridad? ¿O la tengo como excusa para llenar mi ausencia de lengua y biblioteca? La madre no aparece en ella. La locura tampoco. La casa de mi novela no admite imposiciones externas. Habita en la libertad de los sin techo. La orfandad me ha dejado sin idioma y yo me dedico a un oficio muy sencillo y humilde para que la lengua me ocupe toda. Hablo en boca de mi biblioteca robada.

Poseo una biblioteca para tener una identidad masculina. Resulta difícil para una mujer poseer una identidad. Ser algo en la vida de la lengua. La biblioteca no basta para ser. Y la literatura que amo es la esencia del ser. Mi parte hombre se confunde con la obra. Soy la obra. Ya no tengo necesidad de que mi parte hembra se limite a hablar en una lengua sin salida. Ni ganas de atacar a la mujer que sólo lee libros escritos por hombres o sólo libros escritos por mujeres. Mi biblioteca es ejemplar en este sentido. Las escritoras viven en su mundo aparte, en sus estantes particulares. ¿Marginadas? En la orilla de los mares literarios. Mi biblioteca es un espejo mínimo de la casa del mundo. Allí están sus habitantes cadavéricos, excitados en su vida somnolienta. Todos formamos parte de la gran escritura sospechosa. Somos obra.

Las lenguas hermanan a mis queridos libros. Los estantes de libros alemanes, por ejemplo, se adoran entre ellos. E igual ocurre con los anglosajones, franceses, rusos, catalanes… A los hispanos trato de confundirlos con mis propios libros porque mi lengua los persigue desde siempre, buscando madre, buscando matria. La otra cara de la patria. ¿Por qué los prefiero por encima de todo si finalmente todos mis libros tienen mi lengua, la lengua que me silencia y me habla. Esta lengua disfrazada en la que escribo ahora. La lengua inventada por Cervantes y Teresa de Ávila me permite viajar en las entrañas del universo global y literario. En el corazón de todas las literaturas. Cualquier literatura es la historia de todas las literaturas. De las literaturas de los países pequeños y de los países grandes. La literatura no tiene propietarios. Las literaturas nacionales forman parte del pasado. Estamos en la era de la literatura mundial y mi biblioteca es el mejor reflejo de este universo planetario. Como escribió Carlos Fuentes en su *Geografía de la novela*: «La literatura se extiende por encima de las fronteras geográficas, de la anacronía, del chovinismo, de las ruinas del realismo y la frivolidad para trascenderlas y buscar otros lenguajes».

Cuando nacionalismos grandes y pequeños insisten en colocar la marca de su país en el envoltorio de cada libro convierten aquella literatura, la que creen que les pertenece por entero, en bandera de feria, en caricatura literaria. No hay literatura de pasaporte. Ni literatura de país. Ni literatura para dar de comer al pueblo. En el pozo represivo de valores patrióticos se ahoga la literatura. Queda ensimismada. Se alimenta de sus propias heces. Engulle sus propias producciones hasta inflarse de egos vomitivos. Al final, explota.

¿Lo dice una traidora del pueblo? Es posible. Escribir es traicionar lengua, país, familia, lectura, lectores y olvidos. Mi madre lengua se resiente de mi rebeldía a la poética establecida pero forma parte del espíritu de escritora escribir como reacción a lo establecido. Yo no existo sin mi lengua descarada. No existo sin mis traductores literarios. ¿Qué haría yo sin traductores? Ser extranjera en casa.

No tengo casa de la lengua ni me importa ser llamada voz anónima de un país de voces registradas, buscadas y reconocidas. Un país de dos lenguas pero una sola literatura. ¿Cómo se entiende? ¿Y en qué lengua escribo yo? Si desconozco la lengua que hablo ¿cómo seré capaz de escribir en la voz personalísima de alguien que está y no está conmigo? ¿Quién soy yo cuando escribo?

Mi lengua es híbrida. Es bastarda. Es mestiza. Es catalana (¿blanda?) ¿O pura y dura castellana? Es española (tibia). Es árabe (me llamo nur-ia). Es gitana. Canastera. Enfebrecida. Dicharachera. Muda. Deslenguada (eso me gusta). Es tímida y a veces huérfana. Es polémica. También rebelde. Es andaluza (¡olé!) y moreneta (¡visca!). Es de mar y de montaña. Es impura. Y atravesada. Muy latina (mi apellido la canta). Y por eso hispana. De Colombia, de Perú, Nicaragua y Argentina. Es gachupina. Y sorda. Y rara. Y de virgen negra o violada. Es libresca. Copiada de los libros vivos. Robada a las novelas sabias. Y francesa (por demasiada lectura). A veces sueña que sabe inglés y consigue disfrazar la erudición en verso. Es interior. Popular. Desobediente.

Herida. Poemática (¿existirá esta palabra?). Desterrada. Judía y alemana. Perdida. Desgraciada. Luminosa. Rica y pobre. Le gusta depender de instantes. Asombrar las ideas. Comerse los minutos. Africanizarse y, entonces, ser más corrosiva y amplia. O empequeñecer las sombras. Desaparecer y resucitar de nuevo. Borrarse del mapa y extenderse. Es tuya y mía. Es, por supuesto, prestada. Por eso la invento cada día como si fuera una lengua personal, semisecreta y desclasada.

Me duele que cualquier cultura sea amenazada pero aún me irrita más que llamen culturas a las culturas que amenazan. Guerras que no sólo quedan en las hojas de periódicos. Actúan por lo bajo. Mezquinas. Países grandes o pequeños se untan de intereses provincianos, mentiras absurdas gobiernan pueblos inocentes, verborreas patrióticas inundan el planeta. Para qué pensar cuando los políticos piensan por mí. Para qué protestar cuando los políticos protestan por mí. Lo que no es esencial para la felicidad ha dejado de ser importante. También los libros se compran para endiosar felicidades. Se compran aquellos libros que los groseros vendedores de felicidad nos dicen que compremos. Porque la felicidad es inculta y es política, y se dedica a aplaudir a los escritores coleccionistas de palabras, filósofos de pacotilla, novelistas de un telediario. La felicidad es grosera porque invita al éxito desesperado. Un éxito tan banal como un reloj condenado a repetir solamente los segundos. La felicidad es inculta porque reivindica lo contrario de la tristeza. Las novelas tristes están mal vistas y son rechazadas por las hordas lectoras que buscan alcanzar una vida sin miedos, sin deseos, sin vigilias. Cuando para ser justos con la literatura verdadera todos los libros importantes están salpicados de polvo melancólico, infierno creativo o domesticidad con causa. La felicidad es idiota porque es artificial. Finge que le gusta el arte y organiza exposiciones de pan y mantequilla como obras artísticas. Cuando finge que lee, tampoco lee. La felicidad es opaca al pensamiento. Rechaza el mundo subjetivo. Elimina palabras como saber y poesía de su gramática de la inconciencia dogmática. Coloca una venda al dolor.

Suspende conceptos. Y lo más grave: defiende su guerra personal contra el bien del otro. No repara en el otro. Lo aniquila.

Ha pasado a la historia ponerse a reflexionar y discutir sobre el compromiso político del escritor. Las guerras tienen tantas aristas y son tan benevolentes con quienes las promueven que al escritor la mano se le ha roto de tanto firmar manifiestos y proclamas. Tampoco es seguro que un escritor sea capaz de detener con su obra la violencia y el autoritarismo de los dictadores grandes o pequeños. Hubo un tiempo en el que creímos ganarlos. Íbamos los escritores con las pancartas alzadas. Literatura contra el puño y la amenaza. También creí que mi palabra podía ser una herramienta, un pequeño tornillo, de ajuste para la maquinaria defectuosa del sistema. Escribir a la contra era una de las garantías del escritor virtuoso.

La felicidad, decía Séneca, alimenta la violencia. Fue pionero en darse cuenta de que personas de vida confortable eran las primeras en injuriar esta vida porque no les había dado lo que con su pequeña existencia cómoda y satisfecha estaban seguros de esperar y de obtener. Vivimos en tiempos felices en los que la agresión forma parte del movimiento cotidiano. Esta felicidad sostenida en la violencia reprimida, en la tecnología enlatada, felicidad de metas mezquinas y autosatisfacciones que se desean seguras y exclusivas, esta felicidad actúa como máquina generadora de acciones terroristas. La guerra está en la calle. En cualquier momento, la bomba explota. Debemos ser felices porque lo manda el sistema. Esa especie de payaso inflable llamado televisor. La casa transportable de nuestra hueca inteligencia. Veo la televisión para no pensar. Esa felicidad virtual actúa como pantalla protectora de las guerras cotidianas. Las vemos sin creerlas. El infierno dantesco de los desdichados, marginados, asesinados se nos ofrece como película ficticia. Lo real, lo trágicamente real de todas las guerras cotidianas pasa a ser un suceso imaginario que se comenta de pasada, como un relato desagradable, un asunto merecedor de convertirse en tema anecdótico de conversación. ¿O de escritura? ¿Cuando escribimos contra las guerras somos más eficientes y solidarios que cuando hablamos sobre ellas? Después de Auschwitz, las guerras sucesivas son tomadas como satélites azarosos e independientes. Nos tocan sin tocarnos. Los felices miramos sin ver, hablamos sin oír, leemos sin leer mientras soñamos escribir novelas que nos ahuyenten de la barbarie. La novela también debe ser feliz. Ir provista de palabras fáciles, adornada de historias y misterios predecibles. Basta con agitar la batidora de escribir novelas para que el escritor, antes cocinero, buzo o sobrecargo, se convierta en novelista.

La pequeña y particular realidad de la señorita La Trobe, personaje central de la novela de Virgina Woolf, es una muestra ejemplar de cómo transformar el dolor en conocimiento. Su autora pone en voz de su personaje una pintura aparentemente banal que se convierte en metáfora universal de la desesperación ante la ineficacia humana para detener las guerras.

Estamos rodeados de pequeñas guerras que se suceden sin interrupción, en todas partes, todos los minutos. Nos hablan de lo que nos sucede a todos. Aunque no queramos verlo. Ni dedicar un minuto a pensarlo. A cualquier hora. En cualquier lugar. Explotan artefactos. Naufragan cayucos. Torturan y asesinan presos indefensos. Muerte. Muerte. Muerte. ¿La obra de arte qué hace, cómo actúa en medio de esta hecatombe de almas y vidas arruinadas?

Es un espejo. Es un eco. Debe dar testimonio del horror humano. El silencio del escritor es otra forma de poner en evidencia lo maldito. Obra artística: expresión desacreditada por las mismas voces que ventilan discursos demagógicos y oportunistas sobre el arte de escribir y publicar. Como si en el mundo hubiera surgido un movimiento en contra del arte literario y a favor de impulsar una literatura del consumo íntimo y frivolidad hogareña. Y este movimiento es tan poderoso que ha conseguido convencernos de que literatura es cualquier cosa escrita donde chispeen palabras de amor y escenas de suspense.

A diferencia de la biblioteca de Montaigne, la mía sigue en el sótano recelosa de que yo navegue por la otra. La biblioteca electrónica. Mi ordenador me abre la puerta a una infinidad de bibliotecas. Mi biblioteca es ahora todas las bibliotecas del mundo. Los textos de la red me excitan e intimidan. ¿En qué título detenerse? ¿En qué libro mimetizar mi imagen? El conocimiento sirve de poco a no ser que lo hagamos propio. ¿Se puede aislar uno en el vacío del ordenador como se encerró Michel de Montaigne en su biblioteca? Harto y fatigado de las corrupciones de los políticos, el escritor francés se retiró a leer, pensar, reelaborar conocimiento, mirar al hombre y la naturaleza y escribir sobre todo ello. Cuando Montaigne se puso a escribir sus ensayos, casi toda Europa estaba en guerra. Las luchas entre creyentes y no creyentes eran duras y sangrientas. El Estado era incapaz de imponer la paz y la justicia. En lugar de gobernar sabiamente, se dedicaba a formular decretos, a defender la impunidad y a estimular desorden. La política, el bienestar social, vino a decir Montaigne, exige que se traicione, que se mienta y se masacre. El escritor y pensador francés decide, entonces, quedar al margen de este mundo y aislarse en su biblioteca dejando que políticos y gobiernos delincan, traicionen y mientan. Se encierra a conversar con los libros. Lee y escribe. Dialoga con sus amigos y pone por escrito sus reflexiones de acuerdo con sus lecturas y sus estados de ánimo. Está rompiendo con su pasado literario. Inventando un nuevo género basado en lo visto, lo leído y lo sentido. Escribe sobre la vida, el amor, la muerte, los libros, los amigos. Nos enseña a pensar. A comprender nuestra identidad como personas o individuos. Escribe buscando. ¿Qué pienso, cómo soy, cómo reacciono antes las cosas que me gustan, qué me pasa, qué opino, cómo escribo? Montaigne se puso a escribir sus ensayos cuando toda Europa estaba en guerra. Su retiro le dio una nueva forma de pensar y de escribir. Inventó un nuevo género. La nueva novela. Una manera reflexiva de caminar por la literatura.

Tal vez en estos tiempos equívocos, escribir consista en asumir la contradicción de creer que el mundo es demasiado complejo e impensable para ser escrito y, sin embargo, seguir escribiendo.

Escribir y callar

La lengua es el aliento de la escritura. La cuna donde se mecen las palabras del mundo. El aire de la vida. Escribir es vestir con palabras el silencio del lenguaje. Abrigar los múltiples vacíos del pensamiento hueco. Y la lengua es la ropa del vestido. Sin lengua el lenguaje anda desnudo y entonces la escritura no existe. La lengua es la vida del estilo literario. Sin lengua no hay estilo. La lengua invita al nacimiento de la voz literaria. La resurrección del tono. Idioma es otra cosa. El idioma tiene que ver con el habla popular. La lengua, sin embargo, es rumor interno, ecos ocultos y necesarios que invocan la aparición de la escritura.

El lenguaje, como el hálito, es personal e íntimo. Cuando se da representación a la lengua nace el texto. Cuando se miran ciegamente las palabras se anuncia el grito, despierta el silencio y nace el escritor. La literatura es destino pero la lengua es desde siempre muerte y nacimiento. Al principio, lengua es un erial de palabras desunidas. Hay que juntarlas e inventarlas. Crecer con ellas. Para escribir hay que tejer secretos con las palabras. Recomponerlas. Musicarlas. La lengua es para el escritor el libro de su vida. Un libro encuadernado pero desocupado y blanco como un eco. Hay que llenarlo. Horadarlo. El libro está abierto y entonces hay que leerlo y dibujarlo. La lengua apenas distingue entre lectura y escritura. Pero la lengua de la escritura es interna. Oye pero no habla. Lo que mejor hace la lengua es oír, escuchar. Oye la infancia de las cosas, la ausencia de las cosas. Busca distinguirlas, resucitarlas, eternizarlas. Mostrarlas como prueba de confesión y misterio. Así, cada escritura es una lengua inventada. El escritor que no tiene el propósito de inventar un lenguaje propio en su escritura no es escritor. Es hablante. Oidor. Lector. Otra cosa.

La lengua es como el aire. Ajena a propietarios y patrias. La lengua se ofrece al mundo como un abanico inmenso y cada uno según su gusto elige la forma y el color de las palabras. Presumir de lengua única y verdadera es una arbitrariedad grotesca. Por eso el escritor es un disidente del idioma. La escritura es en su origen acto de tensión, un tímido aunque revolucionario desafío a la lengua establecida. Un enfrentamiento duro o apocado a cualquiera de sus códigos. Para embellecer la lengua el escritor tiene que tocarla, removerla, hacerla suya. Uno se hace escritor para producir algo espectacular con la palabra. No se trata de fuegos de artificio. Nada más lejos que eso. El desafío consiste en inventar algo propio, algo nuevo que decir con las palabras. Un idioma particular. La sombra de un idioma. Una desorganización del idioma establecido que puede ser también una inútil perfección del mismo.

La memoria es la infancia del escritor. La historia de las palabras surge siempre de esta primera mirada. La mirada del escritor no es una mirada de máquina fotográfica. El ojo no ve. El ojo no existe en la memoria de la infancia de las palabras. Esta mirada de la infancia es un eco pensativo, una doblez del pensamiento. La mirada mira al escritor como si conociera de antemano su escritura y se dejara retratar por la voz sin vida, silenciosa. En esa primera mirada está toda la obra futura del escritor imberbe. En esa memoria colmada de nudos de la infancia están todas las palabras, la música personal encadena las palabras. El escritor ensarta las palabras una a una bajo la orden de una voz que retrata la mirada. La memoria no existe sin las palabras de la infancia. Las palabras de la infancia son sensaciones sin nombre. Vacíos asombrados. Cuanto más falta de palabras vive la infancia del escritor más parece que se engrandece su escritura. Más escritor se hace o puede llegar a hacerse. Por eso la orfandad de algo, la ausencia vital de alguien, vivifica el ansia de palabras. El silencio es la memoria alerta. El silencio despierta las palabras como una aparición. Este nacimiento a la escritura parece un milagro pero es solamente un sueño de la memoria despierta.

Al principio, fue el silencio. Antes de saberme escritora, yo veía el mundo desde la línea del silencio. La lengua estaba dentro. Muda. Precavida. Callada. Recuerdo, y es un muy vago recuerdo de infancia, que no sabía hablar. Conocía, eso sí, las palabras. Conocía, creo, hasta demasiadas palabras y sabía además el lugar preciso donde colocarlas para intentar decir algo aceptable con ellas. Me recuerdo hablando sola e inventando para mí un abanico de palabras. Buscaba las palabras en mi diccionario oculto y las ordenaba mentalmente con mi particular capricho momentáneo. Lo grave era el silencio. Durante años, demasiados años, sentí mi boca cosida por hilos secretos. He hablado muchas veces de esa dificultad del habla que me impedía decir lo que pensaba. Veía todas las palabras. Las frases eran como cintas perfectas en mi pensamiento. De ahí precisamente el mutismo. La frase bella y perfecta no salía. Para poder hablar o decir algo con sentido tuve que aprender antes a matar el pensamiento. Adormecer la lengua. Soltar las palabras sin pensarlas. Creía que el origen de este mutismo empecinado era el miedo a hablar. Un miedo conformado de tristezas. Porque el miedo, en realidad, no es mas que una enorme montaña de pequeñas y grandes tristezas. El miedo es un puñetazo en la boca. De ahí creía yo que venían mis obcecados silencios. Miedo a verme sola sin mi coraza de lengua, sin mi pensamiento secreto de palabras. Las cosas importantes, esas desgracias y alegrías cotidianas que los niños cuentan como si desgranasen collares o emborracharan el aire con sus risas, yo las escribía en papeles que solía dejar en la mesilla de noche de mi padre. Entonces debía pensar que las cosas importantes merecían ser escritas y evitar así que se perdieran en el olvido del habla. Las cosas importantes de entonces eran, claro, y siguen siéndolo todas aquellas que nacían revueltas en mi diminuto mundo interior. Estaba segura de que toda palabra dicha se perdía y diluía al instante de decirla. Por el contrario, la palabra escrita era el retrato más perfecto de mi pensamiento que se iba perfilando y construyendo a medida que escribía algo con nervio o sin sentido.

Pero aún más que escribir me gustaba pensar. Me gustaba pensar con las palabras. Entonces también creía tener una forma especial de pensar que me hacía diferente a las otras personas. Disminuida. Porque para hacer algo tan sencillo como hablar tenía que recurrir a esfuerzos gigantescos. Y cuando por fin conseguía decir algo, lo que salía de mi boca no era ni mucho menos todo aquello que pensaba. Tenía la sensación de que en lugar de hablar yo escupía palabras maltrechas, frases estropeadas. Me avergonzaba tremendamente esta forma entrecortada de expresarme. Lo que yo quería era sacar afuera mi idioma particular, el idioma de mis pensamientos, la lengua de mi alma.

Recuerdo que mi primera gran amiga en la escuela era una niña venezolana, apartada de su madre, también. Abandonada por el habla. Mi nueva amiga, liberada por completo de la absurda costumbre de repetir la lengua, hablaba como si inventara nuevamente las palabras. Toda mi lengua interior muda y acobardada despertó de pronto en las voces de su habla. Mi nueva amiga hablaba poniendo colores a las palabras. Juntas hicimos un equipo. Nos hicimos hermanas en la orfandad y en el exilio lingüístico. Ya en esa primera amistad infantil transoceánica aprendí que mi lengua interior podía ser contada, que había otra lengua también mía capaz de pintar de modo más abierto, aireado, vivo y riguroso la alegría y el dolor de las palabras. Que bastaba con abrir la puerta a las palabras, liberarlas de la jaula. Hacer cosas con ellas, además de decirlas. Entonces no pensaba aún en mi lengua futura de escritora. No todavía. Entonces sólo sentía la ternura del idioma. Su temblor de nacimiento. El comienzo de lo que después sería todo. Mi lengua de escritora. Postiza. Rara. Apartada. Mestiza. Impura. Abandonada.

Por otro lado, mi vida era una gran mentira. Nadie hablaba sobre la ausencia de mi madre y su presumible muerte. Los libros, ellos sí me hablaban a su manera de la muerte y la mentira de la vida. Las palabras de los libros eran parecidas a las que yo inventaba y traducía en mi particular y sospechoso idioma. Lo libros me hablaban sin esperar a cambio nada más que mi silencio. Ni siquiera me pedían que yo comprendiera todo lo que decían. Solía preferir aquellos libros cuya escritura recordara en algo a mi desbocado pensamiento. Me gustaba la poesía porque, pese a la rima (prisión ficticia y sinuosa del verso), allí veía dibujados todos mis escritos internos. Mi pensamiento era ilegible y los poemas, los mejores, también tenían algo de ilegibles. Fotografiaban los instantes del recuerdo. Vivían ajenos a mi voluntad de escritura y como burlándose del corsé endiablado del habla. Creaban su propio idioma cada uno. Lo esencial de este descubrimiento poético de la lectura era el mundo libre del lenguaje que se abría ante mis ojos. Descubrí que con las palabras se podía conseguir fuerza suficiente para soportar la vida. Y que había una cierta forma de pensar el lenguaje que era también una manera de obtener algunas cosas deseadas de la vida. No grandes cosas. Pequeñas aberturas de deseos. Simples esperanzas. Me convertí, sin saberlo, en una transgresora del lenguaje. Una asaltadora del camino a la palabra. Así era yo con mi mutismo extremo. Una rompedora de la imposición costumbrista del habla.

Como siempre fui muy insegura nunca pensé que esta forma mía rabiosa y circunspecta de pensar el habla más tarde la resumiría en escritura. Y si lo soñé, jamás me habría atrevido a confesar una cosa así. Escribir es dudar y tantear. Andar a ciegas, palpando las palabras, mientras se camina por este camino extrañamente trazado que es la lengua. Tropezando muchas veces. Admitiendo la influencia de los otros, el estilo de los grandes autores. A fuerza de oscuridad y tropiezos se consigue, a veces, una voz propia de escritura. Después de mucho imitar las altas voces literarias surge ese acento particular de la escritura. El temblor personal de la propia mirada literaria. Como las grandes actrices de teatro que a fuerza de interpretar personajes terminan creándose el suyo propio, mi escritura trataba de reproducir la fuerza simbólica de los textos de autores importantes. Porque después, tras muchas horas, muchos años de escritura, llega un momento en el que toda esta costra estilística con la que el escritor trata de cubrir sus inseguridades y carencias se convierte en material de desecho y sale la voz. Tímida e insegura, al principio.

Suave, ligera e invisible como el nacimiento de un río.

Esa voz que uno cree propia, no es tal cosa. Es la caricatura de nuestro pensamiento secreto. Lo importante es dudar. Escribir es dudar. Siempre dudar. Ponerse a dudar incluso cuando uno cree que este pedazo de papel recientemente escrito no es tan malo o casi bueno. Escribir es un gesto interrogativo que se sabe inacabable y eterno.

Las palabras eran pasos que obedecían a un deseo de camino interno. Así me parecía que escribían los poetas. De dentro hacia afuera. Desenterrando la raíz de las palabras. Por otro lado, mi español era un castellano *bastardo*. Una lengua que me pertenecía a medias y que, por tanto, debía ir haciendo mía mientras la inventaba diariamente. Porque, además de huérfana, yo era española y catalana. Siempre he dicho que esa orfandad lingüística, la de tener como madre a una madrastra, es en el fondo una gran felicidad creativa. Sentía que mi lengua indefinida me alejaba del centro y me acercaba a las de otras culturas hispanas. Culturas de madrastra con respecto al idioma de la madre patria. Mi español también era bastardo. Un castellano de raíz. Apartado del método. No solamente por razones de periferia sino también y sobre todo porque escribir desde el extrañamiento de un idioma es buscar siempre la raíz originaria de las cosas. Yo me sentía fuera del idioma y, al propio tiempo, mi verdadero país de origen era la escritura. Estas sensaciones las vivía entonces como impedimentos que me producían además grandes desasosiegos internos. Entraba en la lengua y en la literatura con un pasamontañas en la cabeza que sólo dejaba libre el espacio de la mirada. Me sentía una terrorista del lenguaje. Las palabras las arrancaba con un pico y una pala y para extraer cada palabra de su entraña o internamiento me parecía que iba a perder una enormidad de tiempo. La lengua no me llegaba risueña y líquida como a los herederos puros de las formas cristalizadas del habla. Pese al esfuerzo y el trabajo, mi escritura sería siempre una lengua manchada. Tan rebosante de impurezas que además de contrastar con los poseedores de la verdad del habla castellana empezaba a determinar como extraño y sospechoso mi lugar propio de escritura.

Tener dos lenguas es también no sentirse propietario de ninguna. Significa ser, sencillamente, un itinerante del idioma. El escritor se deja poseer entonces por el afecto del caprichoso idioma como lo haría un caminante de paso por un paisaje amado y añorado. Que la lengua vaya envolviendo y configurando a su modo el lenguaje del escritor. Así les ocurre a los poetas. Ellos no se jactan de ser los amos del lenguaje. Por el contrario, son mensajeros mudos del idioma que malviven obligando a Dios para que hable. La poesía cae sobre los poetas como hojas secas de un árbol desnudo.

Esta ternura del habla deshojada me costaba encontrarla en el habla cotidiana. Mis dos lenguas rabiaban entre sí con una brutalidad de formas que cortaba todo mi ímpetu necesario a las palabras. Pero aquel candor que también tenía la lengua castellana yo la encontraba en el silencio del poema.

El poema hablaba cimbreante y sinuoso como una serpentina de palabras. El poema cantaba sin un mazo vigilante que le impidiera las palabras. Voces como florero, candil, cartabón o cartapacio se dejaban descubrir lentamente como pequeñas sorpresas del vocabulario. Puesto que hablo desde el fondo. Desde aquel lugar donde la lengua ya no es lengua. Sombra de un eco no nacido. Aquel candor del habla también podía encontrarlo en la voz de algunas personas especiales. Voces que hablaban un castellano que me sonaba tan mestizo como el mío. Voces tejidas entre dos lenguas. Suaves e indecisas. Andaluzas y gallegas. Pero, sobre todo, aquellas voces que venían de los países de Hispanoamérica. Me cautivaba ese aire espectacular, riente diría, de una vitalidad luminosa que traían las nuevas palabras españolas de más allá del océano. Las escuchaba como si antes de oír lo que decían tuviera que entretenerme en mirar las formas y tonalidades del lenguaje. Las leía en los libros y me asombraba su agilidad verbal y su rica exuberancia. Esa voz cimbreante y libre se parecía a la modulación y fuerza que yo deseaba para mi escritura. Esa manera de cantar la lengua y cautivarla hablaba más profundamente a mi silencio. De Onetti a Borges. De Rulfo a Fuentes. De García Márquez a Lispector. De Paz a Lezama. Mi voz escritora, me atrevía a pensar yo, se parecía a esta turbia inocencia del habla. Una voz sin puertas ni ventanas que decidieran cerrar el paso a las palabras. Las voces que venían de países manchados por el habla tenían más de lucha heroica e irónica rebeldía que de sumisión al poder del habla castellana. Cada una de ellas era una revolución en sí misma. Un nuevo nacimiento del habla. Eran engañosamente compasivas. Parecía que hablasen al sentimiento porque envolvían con secretos la idea del asunto, al tiempo que multiplicaban el temblor de las palabras. Eran cultas como quijotes andantes. Sabias e infinitas como bibliotecas borgeanas. Voces que hablaban a la lengua y desestimaban la fuerza de la patria. Era, o eso me parecía a mí, un nacimiento continuado de mi antiguo y descastado idioma. Y para sumarse a mi caudal de vitalidad lectora, en aquella España franquista de entonces, fue gracias a estas voces traductoras como pude descubrir a Faulkner, Joyce, Miller, Woolf y casi la literatura entera. Esas lecturas de libros que venían de Latinoamérica significaron un empezar de cero con las nuevas formas del habla castellana. Un comienzo literario que no era mas que un regreso al origen, al nacimiento de la lengua. Así es como creo que nace un escritor. En muchos casos, como fruto de la tensión de dos lenguas familiares y distintas, pero también cuando el escritor siente la extrema necesidad de hacer suya, nueva y casi inventada la lengua de sus deseos íntimos y afectos particulares. Los distintos matices de las lenguas hispanas me hicieron creer que yo también era capaz de crear mi propia lengua. Una lengua propia que aparecía ante mí como un enorme desafío. Reto similar, si se quiere, al de aquella habitación propia propiciada por Virginia Woolf para alentar en la mujer el trabajo de escritura. Me hice escritora. Que en mi caso particular significaba confesar al mundo, a mi pequeño mundo, que por fin yo tenía una lengua propia. Una jerga insegura. Un lenguaje primitivo, ingenuo, asombrado pero propio. Mi idioma mudo podía ahora expresarse gracias al bendito contagio de todas las literaturas hispanoamericanas que estaba descubriendo. Allí había una lengua que hablaba y escribía como si fuese huérfana y tuviera una madrastra deslenguada contra la cual debía protegerse y reafirmarse. Ahora mi lengua crecía por dentro. Tenía junto a mí un espejo donde mirar y ser mirada. Me acompañaba y protegía la madrastra de las lenguas literarias.

Es cierto que mi decisión consciente de ser escritora coincidió y fue consecuencia de mi descubrimiento personal de la literatura de Hispanoamérica. Nadie se atrevería a cuestionar que no sea ésta una de las literaturas más vivas de este siglo. Por mi parte, creo además que la literatura hispanoamericana en su conjunto ha contribuido a renovar y enriquecer la literatura española peninsular. En mi opinión, el aliento renovado o si se quiere poético de la lengua sigue estando allí, en América Latina. El rigor y vitalidad del lenguaje aportado por Rubén Darío a la cultura peninsular sigue soplando de aquellos aires. Latinoamérica se alimenta y respira en sus escritores. Y me alegra imaginar que un poco de esta literatura hispanoamericana ha influido en mi propia literatura. He hablado de orfandad y mestizaje. Pero también quiero referirme al exilio. Porque una de las grandes cualidades de las literaturas periféricas es este extrañamiento de todo, de viaje constante, de desacatamiento incluso a la tradición literaria. Literaturas que se hacen a sí mismas y saben beneficiarse de su condición fronteriza, de estar siempre lejos del centro, distanciadas de cualquier parte. Una escritura de submarino que vigila y fondea. Que se hunde y oculta. Así es como yo deseo mi escritura. Una escritura que se niega a ser manipulada y prefiere deshacerse, desaparecer, a ser burdamente utilizada. Una escritura guerrera y cansada. Ingenua y rebelde. Risueña y melancólica. Descreída y enfebrecida de palabras.

Por sorprendente que pueda parecer, fue gracias a esas literaturas lejanas de la otra orilla como conseguí hacer míos los secretos y las fuentes de la lengua y literatura castellanas. Descubrí y comprendí la belleza de los poetas místicos, los sonetos de

Quevedo, la prosa de Cervantes. La nueva literatura de Hispanoamérica me enseñó a leer a los clásicos castellanos. La diversidad de lo que, en principio, parecía único, lejano y compartido me tendía el hilo emotivo del conocimiento que me acercaba a los autores clásicos. Era el otro lado del puente por donde iba y venía en mis lecturas. Puente de las dos orillas que unía también tradición con revolución literaria y lingüística. Así conseguí lanzarme a la escritura como si la lengua no fuera el instrumento de oficio sino un texto descompuesto en un arenal de signos infinitos. Me contagié de la fuerza y entusiasmo que consiste en escribir descubriendo la letra de un idioma sumergido y enterrado. Escribir inventando la lengua significa mucho más que escribir inventando las palabras. La misma libertad en la utilización del lenguaje de los escritores de América Latina la descubrí después en los poetas místicos. Una libertad que no consistía tanto en transgredir formas literarias como en la necesidad absoluta de ir más allá con el silencio y la palabra.

Posiblemente los desheredados del idioma suplantamos aquella seguridad de quien se siente dueño del caudal del habla cotidiana con el riesgo constante de desandar la lengua para encontrar el rizoma de las palabras. Los desheredados del idioma escribimos saltando de piedra en piedra entre el torrente de las frases. Sorteamos más o menos ágilmente los imperativos del código. Buscamos hacia dentro. Rascamos las palabras. El mismo gesto de la escritura quiere decir algo así como escarbar con los dedos en la arena desierta para seleccionar las palabras una a una. El poeta argentino Juan Gelman lo expresa de forma mas perfecta y precisa cuando se refiere al lenguaje del siglo XVI que escribían San Juan y Santa Teresa: «Ojalá se pudiera rescatar el candor de esa lengua que el castellano actual no tiene, aire que se puede encontrar en los poetas pero ya no en el habla. Esa ternura de los diminutivos que algunos países de América Latina mantienen. La lengua es un gran yacimiento».

No creo que la literatura esté a punto de acabarse porque la lengua es una cosa viva. La lengua vive dentro. Alejada del poder y la charlatanería. La riqueza de la lengua no se ve. Se renueva y mantiene en la periferia. Las grandes literaturas de este final de siglo son mestizas y extrañadas. Manchadas entre sí renuevan la lengua porque regresan al origen del idioma. En lugar de encerrar las palabras en sus códigos, las hacen volar al aire. Sueltas. Impuras. De ahí que unos textos tan antiguos como pueden ser los escritos de Teresa de Jesús los vea ahora revolucionarios y modernos, especialmente por aquella empecinada manera que tenía la escritora de hurgar en el yacimiento de una lengua nueva y todavía enterrada. Cuando las palabras parecían quietas en su origen, la escritora escarbaba en ellas con una voluntad y fortaleza inigualables. Creaba la lengua al tiempo que daba forma literaria a las palabras. La escritura no puede darse plenamente sin esta soltura del lenguaje. Así también Cervantes, por supuesto. Los padres fundadores de la literatura castellana escribían abriendo puertas y ventanas a la lengua. A su aire. Como si en lugar de cárcel, libro sagrado o catecismo, la lengua fuera un paisaje abierto, un hermoso país inhabitado. Cuando el idioma era el origen y el origen la ternura del idioma.

Esta soltura cervantina tan celebrada por Borges fue clausurada con maestría por poetas clásicos como Góngora y Quevedo. A esta libertad es a la que me refiero cuando hablo de escribir bebiendo las fuentes del idioma. Y así es como escriben autores perdurables, como si escribieran tratando de hacer suya la resurrección del idioma. Su clara y abierta tachadura. Su espectacular renovación literaria.

Es en este sentido, de marcar acentos a la lengua, que puede hablarse de un lenguaje literario realmente innovador. Interés necesario de las voces literarias de Hispanoamérica por manchar y mezclar la lengua para revitalizarla. La lengua no exige fidelidad a la tradición (por demás, una tradición siempre en suspenso) sino seducción, posesión emotiva, encantamiento. Hoy por hoy, la literatura tiende a escapar del centro y los escritores se dispersan con ella. La literatura es una diáspora de voces desunidas. Los escritores se han situado en la orilla, en la arista de la lengua también. Un sentimiento de exiliados nos acerca a lo extraño y tal vez ajeno.

A lo incomprensible e incomprendido. Deseo de mostrarse y de esconderse. Permanecer y huir. Entre escribir y callar no hay contradicción posible. El deseo de escritura es la suma de ambas cosas. De ser recordado a la vez que olvidado, pues parece que la verdadera escritura exige que el escritor vuele a su corriente como cometa, sujeto por un invisible cabo. Quedar y desaparecer. La eternidad de la escritura radica en este deseo de lo etéreo, fugaz y perecedero. Descreimiento ante la palabra inmortal. Ya no se trata de salvar la literatura mediante pactos secretos con dioses o demonios. Los grandes gestos han dejado de ser válidos para esta escritura muerta y renacida. Pero entonces ¿cómo escribir lo que se niega a ser escrito? El gesto de la escritura imita al individuo que lenta pero insistentemente empuja con el codo una tonelada de piedras. Pequeños apretones a la nada. Sin descanso. Como Penélope que tejía para deshacer, así se va cosiendo mi escritura. Es una insistencia permanente contra el método. Una rebeldía quieta y seguramente insensata.

La gran fuerza de la escritura radica, me parece, en este tímido, tierno, paciente y resistente gesto de construir sin prisas la vida secreta de las palabras. La mejor vanguardia consiste en continuar escribiendo a pesar de la inutilidad de la escritura. Envolverse en ella como en un laberinto secreto. Sin adelantar o ni siquiera seguir el trazo de la pluma. Ser la palabra. El instrumento. La pluma.

La heroína de mi novela *La intimidad* escribía textos ilegibles que nadie leía. Mientras trabajaba en el libro yo sentía como mi personaje me pedía una y otra vez que la obligase a escribir textos ilegibles. Opté por obedecerla, aunque debo confesar que si lo hacía era ignorando la razón de esa petición obsesiva y algo intempestiva con la que me acosaba mi propio personaje. Cuando se publicó la novela hubo lectores que me preguntaron a qué debía esa pretensión y extrañeza de un personaje que dedica su vida a escribir textos ilegibles cuando al propio tiempo es ella la que se ocupa de narrar su vida en un estilo perfectamente legible. Sólo ahora creo haber encontrado la respuesta a esta obsesión legítima y también contradictoria. Y la respuesta se explica en esta necesidad que siente el escritor de querer desaparecer junto a su texto escrito. Una exigencia que le empuja a rebelarse silenciosamente contra la cosificación de la escritura. Mezcla de melancolía y vanguardia, seguramente. O vanguardia que niega su razón de ser en ese gesto innovador de la melancolía. Porque el intento de romper el lenguaje para renovarlo no significa necesariamente tener que torturar el cuerpo de la lengua para hacer con ella una página vistosa y atrevida. Basta con un simple y contundente gesto. Una especie de fuerza interior o de deseo inmenso que empuja a escribir garabatos de la memoria para luego dejar de escribirlos y mantener el arrebato innovador en la fuerza del deseo. Un deseo radical e irrefrenable de destruir la lengua para enseguida volverla a tejer y repararla. Con firmeza callada y obstinada se escribe y des-escribe a un tiempo. Ajenos al ruido del comercio del libro. Sordos. Irresolutos. Silenciosos, los escritores. Este gesto profundo de romper y reparar el ansia de palabras nace de una gran revolución interna. Una afrenta a la metodología encorsetada de la escritura. La obsesión de escribir un texto propio actúa como doblez que nos aparta del centro y nos deja al costado de la página. Expiando el extrañamiento del texto. Escribir es una forma de negarse a escribir. Un sometimiento de la escritura. Yo no quiero escribir pero la escritura me puede y finalmente escribo porque cedo. La tentación de la escritura ya no es solamente el placer de la escritura. Es además, y sobre todo, la maldición de la escritura. Escribo porque no soy ni nunca podré ser otra cosa. Escribir es enfrentarse con la esterilidad de la escritura. Este silencio negro puede durar toda una vida. A veces, se termina en un minuto y el escritor vuelve a recuperar su mano creadora. Quien no tiene nada que contar puede sin embargo tener algo que escribir y conseguir con ello un texto verdadero, muy hermoso. Por el contrario, quien no tiene algo que escribir, una voz tras de sí que escriba su escritura, nunca podrá contar nada con las palabras. Lo importante, lo más importante, es este deseo tierno de escritura. Es tierno porque es imberbe. Desear escribir es poner un recién nacido en el cajón secreto del recuerdo. El mayor atrevimiento de la seriedad adulta es saber que la escritura es ternura. Escribir es poner el corazón en el cerebro. Tener la extraña voluntad de recomponer el mundo con un verso. Los poetas comprenden mejor que nadie ese deseo tierno de la escritura. Concentran sus apetencias en columnas de palabras. Dibujan límites a sus ecos. No esperan nada de sus cantos al silencio. Escriben soñando despiertos. Dejan las palabras en el papel como si fueran sombras de aliento de su boca. Caen las palabras de los poetas como cosas perdidas. A su aire. Sin pretensión de adorno. Como pequeños latigazos al hastío. Tratan de resumir el mundo en una sola palabra. Todo el esfuerzo del poeta se pierde o se gana en su pretensión de crear con el silencio una nueva forma del habla. El poeta es el mudo permanente de la vida. El poeta canta en verso para negarse una y otra vez a la inutilidad del habla. El poeta es poeta porque de otro modo no hablaría. Escribe para decir que no escribe. Escribe para matar sus ansias de poeta.

Pues parece que ahora uno escribe de verdad para ser olvidado. Por eso escribir y descomponer lo escrito es una misma cosa. Son la misma fuerza unida de escritura. La vanguardia no está en el contenido ni en la forma. Se ha situado en el gesto. En esta lucha del escritor por querer alejarse del centro. Ser olvidado para poder ser recuperado. Apartarse lejos para seguir aquí.

BIBLIOTECA
DE ENSAYO

Últimos títulos publicados

Serie menor

Jean François Billeter
Cuatro lecturas sobre Zhuangzi
Traducción de Anne-Hélène Suárez Girard

François Cheng
Vacío y plenitud
Traducción de Amelia Hernández y Juan Luis Delmont

Arthur Schopenhauer
Fragmentos para la historia de la filosofía
Traducción de Miguel Sáenz

George Steiner
Un prefacio a la Biblia hebrea
Traducción de María Condor

Peter Sloterdijk
Sobre la mejora de la Buena Nueva
Traducción de Germán Cano

M.-J. Hérault de Séchelles
Teoría de la ambición
Traducción de Jorge Gimeno

Horace Walpole
El arte de los jardines modernos
Traducción de Francisco Torres Oliver

George Steiner
Cécile Ladjali
Elogio de la transmisión
Traducción de Gregorio Cantera

George Steiner
La idea de Europa
Traducción de María Condor

Ignacio Gómez de Liaño
Breviario de filosofía práctica

Giulio Camillo
La idea del teatro
Traducción de Jordi Raventós

Ismaíl Kadaré
Esquilo
Traducción de Ramón Sánchez Lizarralde y María Roces

Gershom Scholem
Lenguajes y cábala
Traducción de José Luis Barbero Sampedro

Estela Ocampo
Cinco lecciones de amor proustiano

Charles Juliet
Encuentros con Samuel Beckett
Traducción de Julia Escobar

Gandhi
Sobre el hinduismo
Traducción de María Tabuyo y Agustín López

Tullio Pericoli
El alma del rostro
Traducción de María Condor

Benedetta Craveri
María Antonieta y el escándalo del collar
Traducción de María Condor

Darío Villanueva
La poética de la lectura en Quevedo

George Steiner
Diez (posibles) razones para la tristeza del pensamiento
Traducción de María Condor

Horia-Roman Patapievici
Los ojos de Beatriz
Traducción de Natalia Izquierdo López

W. G. Sebald
El paseante solitario
Traducción de Miguel Sáenz

Antonio Gnoli
Franco Volpi
El Dios de los ácidos
Traducción de María Condor

Teoría de la valoración
John Dewey
Traducción de María Luisa Balseiro

Giorgio Colli
Platón político
Traducción de Jordi Raventós

Plutarco
Consejos a los políticos para gobernar bien
Traducción de José García López

Joscelyn Godwin
La cadena áurea de Orfeo
El resurgimiento de la música especulativa
Traducción de Carlos Varona Narvión

Jacques-Bénigne Bossuet
Sobre los ángeles de la guarda
Traducción de María Condor

Nuria Amat
Escribir y callar